UN COUP DE SAGAÏE

RÉPONSE À MM. GABRIEL LAHUPPE & CONSORTS.

PAR

VICTOR GRENIER

Prix : 1 franc 25

Typ. P. Cazamian, Saint-Denis, (Réunion)

1872

UN COUP DE SAGAÏE

RÉPONSE À MM. GABRIEL LASEUPPE ET CONSORTS.

Il faudrait cependant en finir avec ces crustacés qui se croient des légumes. Il faudrait mettre un terme aux gambades de ces pantains dont il est si facile de casser la ficelle. Ces gens là ont fini par se persuader qu'ils étaient des personnages, et qu'on devait les prendre au sérieux. Mais non, mais non ! pantains ils furent, pantains ils sont et pantains ils resteront. L'impunité finirait par les rendre insupportables : c'est charité vraiment que de venir les rappeler aux sentiments modestes de leur vaste et inconcevable nullité.

Depuis quelques jours ils se sont donné le mot pour venir aboyer contre nous. C'est l'obèse Gabriel qui a attaché le grelot au Conseil général ; puis le maire Jean a entrepris de nous tanner le cuir. Le paladin Denis a fait chorus, et on l'a entendu marmoter entre ses dents : pourriture, pourriture. Voilà qui est propre et délicat.

Nous ne devons pas oublier ce cher Thomy le nasillard, littérateur audacieux et fluet, au nez camard et au chapeau pointu qui s'est fait le capitaine Fracasse de la bande et se charge de nous pourfendre dans son journal, deux fois par semaine jusqu'à ce que mort s'en suive. Pauvre Thomy ! vous êtes niais mon bonhomme, et par votre acharnement, vous démontrez justement le contraire de ce que vous voulez prouver. On ne se met pas si fort en colère contre un adversaire qui ne vous inspire que du mépris, farceur ! et de quel droit méprisez-vous les autres. Nous éluciderons ce point.

Nous ne voulons pas oublier non plus le ventru Zéronime dont les élucubrations brillantes font la gloire du « Journal du Commerce. Ce pédagogue coquet.. approchant de la soixantaine, qui porte de faux mollets, et se teint la barbe et les cheveux, a cru devoir aussi prendre un rôle de comparse dans la comédie qui se joue contre nous.

Voila, si nous comptons bien tous les personnages de la troupe : Le gros Biel, son frère le Nasillard, le maire Jean, le paladin Denis, et l'ample Zéraïme. Ils vociférent à qui mieux mieux. Alfred de Musset nous parle dans une de ses gracieuses compositions « d'un chœur de lézards chantant au bord de l'eau. »

Donc, dans la séance du Conseil général qui a eu lieu le 23 juillet dernier, le citoyen Gabriel Lahuppe a jugé à propos d'interpeller l'administration à notre sujet. Voilà certes un bel interpellateur ; mais nous ne savons pas dans quelle disposition législative le citoyen interpellant a puisé son droit d'adresser à l'administration ses interpellations interpellantes. Le commissaire du Gouvernement pouvait certainement, dans la circonstance, le prier d'aller simplement se promener, et de s'occuper des choses qui le regardent, mais il a mieux aimé par politesse donner quelques explications d'où il résulte que l'interpellateur n'est qu'un imbécile, chose que du reste, tout le monde savait depuis longtemps.

Pour rendre compte de cet étrange incident, nous nous proposions d'attendre la publication du compte-rendu de la séance à laquelle nous n'avons pas pu assister. Mais cette publication se fait attendre indéfiniment. Comme toujours M. Lahuppe ne se presse nullement de faire paraître à l'Officiel les procès-verbaux des séances du Conseil général dont le public n'a connaissance que lorsqu'il n'est plus temps de s'en occuper. C'est ainsi que l'entrepreneur des travaux typographiques du Gouvernement entend les obligations qu'il a contractées et pourquoi il est si grassement payé. Il faut espérer que ce système abusif et monstrueux cessera bientôt. Nous avons donc renoncé à attendre une publication qui ne vient pas.

Une autre raison nous a déterminé à ne pas attendre la publication du procès-verbal, c'est que lors même que nous aurions sous les yeux ce morceau de littérature officielle, nous n'y trouverions probablement pas la forme spéciale et les termes mêmes employés par le citoyen Lahoppe pour exprimer sa pensée. C'est tout simple : le secrétaire archiviste du Conseil général aspire à la gloire du bonhomme Lafontaine qui faisait parler avec éloquence, les ..... orateurs qui n'ont pas l'habitude de la parole ; et le gros Gabriel se trouve évidemment dans ce cas ; — alors il arrive que c'est M. Drouhet fils qui parle par la bouche de la plupart de nos honorables : Ils ne se plaignent pas. Pour nous, cela nous est bien égal ; mais quand nous voulons toute la vérité, nous devons aller la chercher ailleurs que dans la publication des procès-verbaux tardivement faite par le « Moniteur » — ceci nous amène à dire qu'au lieu d'un secrétaire archivisle rédacteur, le Conseil général devrait avoir un ou deux sténographes — on dit que les procès-verbaux seraient trop longs, nous ne le pensons pas, nous pensons au contraire qu'ils seraient beaucoup plus courts, car il y a par le monde beaucoup de bavards qui mettraient un frein à leur langue, s'ils savaient que leurs discours doivent être reproduits textuellement, et nous pensons que spécialement dans le sein de notre assemblée coloniale, la présence des sténographes serait comme une douche froide qui glacerait l'éloquence de bien des orateurs — quoi qu'il en soit, nous n'attendons pas la publication de l'interpellation du citoyen Gabriel Labuppe, et nous entrons en matière avec les renseignements que nous avons pu nous procurer sur ce fait réellement mémorable.

Voici ce que nous lisons dans le « Moniteur » à la date du 27 juillet dernier :

« A la reprise du Conseil général, il s'est produit un incident dont nous empruntons le récit au « Journal du Commerce :

« Dans la séance de mardi, à propos des recettes, M. le conseiller général Labuppe a demandé la faculté d'interpeller l'Administration sur un fait qui lui semblait et qui lui semble sans doute encore être une infraction à laloi.

« Je demande, a dit l'honorable conseiller, comment il se fait qu'une publication périodique, traitant de choses politiques et d'économie sociale, attaquant sans cesse tout le monde excepté l'Administration, puisse paraître sans dépôt du cautionnement ; je demande encore pourquoi l'imprimeur de cette publication ne se trouve pas soumis à la patente que paient tous les autres imprimeurs.

« M. Lahuppe a développé son sujet avec une énergique conviction, et nous devons à la vérité de dire qu'il a su mettre de son côté la majorité du Conseil et la plus grande partie du public qui assistait à cette séance.

« L'Administration s'est montré faible dans ses réponses ; on peut dire qu'elle n'a fait qu'éluder les questions posées. Aussi M. le Directeur de l'intérieur P. I. n'est guère responsable de ce qui s'est fait avant lui. »

« Il est sans doute regrettable que l'on soit obligé de soulever de pareilles questions au sein du Conseil général et que la première assemblée du Pays ait à s'occuper d'individualités comme celle dont il s'agit.

« Mais la loi est la loi et, quand elle n'est pas obéie, les représentants du Pays ont le droit de protester. »

« On se demande pourquoi, parmi les imprimeurs de la Colonie qui sont assujettis à tant de charges, celui-là seul est favorisé de toutes les immunités et de tous les priviléges, qui n'exerce d'autre industrie que celle qui consiste à insulter toutes les personnes qui n'ont pas positivement pour lui de l'admiration et de l'estime. »

Ainsi, voilà cette feuille de choux rouge appelée le « Journal du Commerce » qui s'entend avec les propriétaires du « Moniteur » pour nous dire des sottises. Comment se fait-il que l'intéressant Zéronime, ainsi appelé par mons Thomy lui-même qui a voulu probablement, par ce vocable chiffrer la valeur littéraire politique et scientifique du gros pédagogue dont s'agit, ait consenti à entrer dans cette conspiration contre nous ? — Qu'allait-il faire dans cette galère ? Ne sait-il pas que nous avons contre lui les mains pleines de vérités, et que si nous voulions nous en donner la peine, il nous serait bien facile, comme nous l'avons fait déjà quelque fois, de le réduire au silence ? Pourquoi vient-il donc, à la remorque de son grotesque

parrain chercher à nous lancer l'injure à la face ?
N'aurait-il pas mieux fait, s'il a des loisirs, de re-
voir ses auteurs classiques et de se représenter
pour la quatrième ou la cinquième fois aux ex-
amens du baccalauréat ès-lettres, où il a toujours été refusé à l'unanimité, malgré ses titres
de professeur de première classe et d'officier
d'Académie ?

Mais non ! ce n'est pas lui : le pauvre diable est incapable de rédiger les lignes que nous
venons de reproduire plus haut. Les propriétaires du « Moniteur » l'ont transformé en pan-
tin dont ils tiennent les ficelles, et c'est de cette
manière qu'on voit dans le « Commerce » le
gros Gabriel faisant l'éloge de soi-même par
soi-même.

Non ce n'est pas ce cher Zéronime qui a écrit
cela. Comment en douter quand on connaît certaines petites histoires relatives à la manière dont
il remplit les colonnes de son journal ? Nous en
raconterons une pour l'amusement de nos lec-
teurs :

Il y avait un jour plusieurs personnes réunies
au bureau du « Journal du Commerce ». On
parlait de littérature et de l'excentricité de certains auteurs au moment où ils se livrent à la

composition de leurs œuvres. L'un disait: quand Lamartine travaille, il prend un crayon, et un morceau de papier, et va s'asseoir sous un arbre au milieu de la prairie. Là il note les inspirations que lui font éprouver les beautés de la verte nature. Un autre faisait savoir que Jules Janin se couchait sur un sopha avec sa chatte sur la poitrine, pour rédiger ses feuilletons. Un autre disait que Balzac s'habillait en moine avec un grand capuchon blanc pour écrire ses romans, etc. Alors Zéronime prit la parole, et s'écria : Messieurs, moi quand j'écris....... un immense éclat de rire interrompit sa phrase. Nous pensons qu'on aurait dû le laisser continuer, car il aurait probablement ajouté: quand j'écris, j'envoie chercher quelqu'un pour m'aider, ou je copie l'œuvre d'un autre.

Et, en effet, c'est ce qui est arrivé, à propos d'un fameux article, très remarquable qui a paru dans le « Commerce » sur la Banque de la Réunion. Cet article avait été envoyé au directeur du « Journal du Commerce » par un négociant de notre place dont tout le monde apprécie le mérite. L'article ne paraissait pas: il y avait déjà quinze jours qu'il était dans les cartons de Zéronime, quand le chef d'atelier vint prévenir ... les ouvriers n'avaient plus de travail et qu'il attendait de la copie pour composer l'article éditorial qui n'était pas encore arrivé.

— Comment dit Zéronime, J. n'a rien envoyé. — Non Monsieur — et M ? — non Monsieur. Et L ? et H ? — Nous n'avons rien reçu — Alors, dit Zéronime, il faut que je m'en mêle et que je fasse moi-même l'article de fonds. Attendez, avec la facilité que j'ai, cela ne sera pas long : et aussitôt Zéronime s'enferme dans son bureau, et deux minutes après il faisait passer aux ouvriers des feuillets de sa belle écriture, qui se succédaient avec une rapidité étonnante. Les ouvriers en étaient émerveillés : au bout d'une heure la besogne était faite et chacun complimentait le rédacteur, en le félicitant d'avoir été si bien inspiré. Oh répondait Zéronime d'un air modeste, ce n'est que ça, on n'a qu'à lire un peu Pereyre et Bastia, un peu, par ci par là : voilà.

Mais le revers de la médaille, c'est que le lendemain, l'auteur véritable passait au bureau du « Journal » et remerciait Zéronime devant tout le monde, d'avoir, quoique un peu tard, imprimé son article sur la Banque. — Tableau.

D'après ce qui précède, nous nous croyons autorisé à penser que l'article cité plus haut par le « Moniteur » n'est nullement de Zéronime et que celui-ci a endossé maladroitement une responsabilité dont il n'a pas bien compris la portée.

En effet comment expliquer que le citoyen Zéronime approuve Monsieur Gabriel Lahuppe d'avoir dénoncé au Conseil général ceux qui ne payent pas leur patente d'imprimeur, quand lui, Zéronime lui-même, il ne paie pas la sienne depuis fort longtemps. Il s'est fait dégrever pour l'année dernière, et il demande son dégrèvement pour l'année courante.

Mais laissons, de coté Zéronime et le « Journal du Commerce, » c'est au « Moniteur » et à M. Gabriel Lahuppe que nous avons à répondre.

D'abord, établissons un point important, c'est que dans le débat qui s'agite entre nous, l'agression vient entièrement du coté de M. Gabriel Lahuppe et de son frère. Je leur ai répondu d'une façon honnête et mesurée ; eux, ils m'ont injurié en employant une forme et des expressions qu'on ne rencontre ordinairement que chez gougeats dénués de toute espèce d'éducation. Cela me donne évidemment le droit de leur inflig telle correction qui me paraîtra conforme à de justes représailles.

Quand M. Thomy Lahuppe est arrivé de France croyant nous importer la civilisation à Bourbon, et qu'il a repris la rédaction du « Moniteur » je lui ai souhaité la bienvenue dans des termes flatteurs dont il m'a remercié lui-même. Je connaissais les articles extravagants qu'il avait publiés en France dans certaines feuilles plus ou moins communardes, et cependant j'ai poussé la politesse jusqu'à lui dire qu'il était un brillant publiciste. Pourquoi est-il arrivé depuis à descendre dans la fange, pour me jeter de la boue au visage ? que lui avais-je fait ? — Absolument rien.

Quant à son frère Gabriel, mes relations avec lui avaient toujours été parfaites. C'est lui qui a imprimé le premier numéro de mon journal « L'Enfant Terrible ». Il ne pensait pas probablement alors, que j'étais un écrivain de la presse immonde, comme il a eu la sottise de l'imprimer depuis.

A l'époque où M. Gabriel Lahuppe se présentait aux électeurs de Saint-Denis, pour briguer le mandat de Conseiller Général qu'il poursuivait avec tant d'ardeur depuis si longtemps, ayant été blackboulé plusieurs fois à Saint-Pierre et autres lieux, il me rencontra un jour dans la rue du Barachois, il vint à moi : vous savez me dit-il que je me présente aux élections pour le

Conseil général, mais si vous devez me combattre et me ridiculiser à ce propos, je renonce dès à présent à poser ma candidature.

Je lui répondis qu'il n'avait rien à craindre de ma part ; que sa position de fournisseur du gouvernement lui faisant une obligation d'être conservateur , non seulement je n'attaquerai pas sa candidature, mais encore que je me ferai un devoir de la soutenir de mes faibles moyens. Et de fait, j'ai imprimé moi-même des bulletins que j'ai fait distribuer et qui portaient en tête de liste le nom brillant de Gabriel Lahuppe. J'en demande pardon à Dieu et à mes concitoyens ; mais le fait est indéniable : le papier m'a été apporté de la part de M. Gabriel Lahuppe par un de ses ouvriers dont je pourrais dire le nom. M. Gabriel Lahuppe a été élu membre du Conseil général pour le canton de Saint-Denis. Il a passé en tête de liste avant MM. Drouhet, Adrien Bellier et Azéma ! — Personne ne s'attendait à un pareil résultat. C'est à n'y rien comprendre. M. Gabriel Lahuppe qui doit avoir conscience de sa valeur intellectuelle et morale, à moins d'être complétement un crétin, aurait dû me garder quelque reconnaissance pour le succès inespéré qu'il à obtenu.

Qu'a-t-il fait?—Lui, et son frère le Nasillard,

l'un portant l'autre; et les deux faisant la paire
ont eu le triste courage [de se mettre à aboyer
contre nous, quand M. Cotholendi, de trop sus-
ceptible mémoire, a cru devoir provoquer des
poursuites contre notre publication « Des Moustiques », où il avait trouvé des observations
qui n'étaient pas de son goût. Dans un article
éditorial du « Moniteur », Mons Thomy s'est
acharné à prouver que nous avions mérité la cor-
de, et M. Gabriel Lahuppe a contresigné ces sin-
gulières appréciations. C'est ainsi que ces Messieurs prétendent prouver qu'ils sont partisans
de la liberté de la presse, et qu'ils comprennent
la dignité du journaliste. Le développement de
leur sens moral ne leur a pas appris que le rôle
de dénonciateur est une chose odieuse et qu'il
est indigne d'un écrivain de prêter main forte
au parquet quand il poursuit un publiciste pour
des contraventions de forme. Fi donc! Messieurs,
vous faire les auxiliaires officieux [des gens de
la justice en semblable circonstance ! — accep-
ter sans vergogne le rôle de Quart-d'œil ! Pouah!

Et quand les « Moustiques » ont été con-
damnés par le [Tribunal de Première instance,
le « Moniteur » a entonné un chant de triom-
phe ! Mais la joie de ces Messieurs s'est chan-
gée en déception après l'arrêt de la cour qui a
modifié profondément le jugement des premiers

juges. Tout cela est de l'histoire triste.

J'avais incontestablement le droit pour me défendre, et de rendre coups pour coups à mes agresseurs. Je l'ai fait, on me rendra cette justice, avec une extrême modération, et sans toucher à l'honneur et à la délicatesse de personne. Je me suis contenté de montrer tout ce qu'il y a de ridicule dans la nullité présomptueuse de ce gros imprimeur, Gabriel qui se croit un quelqu'un; puis j'ai contesté la supériorité littéraire et scientifique de son illustre frère Thomy le Nasillard, ce poseur qui vous dit sérieusement en s'occupant d'une question de géologie à propos de l'éboulis du Grand Sable, qu'il « livre volontiers ses élucubrations à l'appréciation des savants ! »

Mais j'ai fait autre chose : au nom des intérêts du trésor sacrifiés à un tripotage illégal, sous le règne de l'empire, j'ai démontré qu'il était urgent de revenir sur le marché de gré à gré consenti au profit des propriétaires du « Moniteur pour les travaux de typographie et de réglure nécessaires aux différents services de l'administration. J'ai fait voir que ce marché était pyramidal, et que MM. Lahuppe et Cie fournissaient quelquefois à la Colonie, pour cent-vingt-cinq francs ce qui vallait au plus cinq francs cinquante.

Aye, aye, aye ! c'était l'endroit sensible; c'était la plaie sur quoi il ne falluit pas mettre le doigt. L'administration se rendant à l'évidence va mettre en adjudication les travaux qui faisaient toute la supériorité de MM. Lahuppe et Cie. Voilà l'explication visible de leur fureur! — Question de boutique cyniquement portée dans la presse, et plus cyniquement encore portée, en dépit du sens commun, devant le Conseil général.

Donc, le 23 juillet dernier à quatre heures de l'après-midi, date mémorable, le conseiller général Gabriel Lahuppe, déjà nommé, s'est levé de son siége, et a demandé à interpeller l'administration.

A propos de quoi ? — A propos de botte ! — La discussion du budget des recettes diverses n'était qu'un prétexte. En effet il s'agissait bien du payement d'une patente, mais il s'agissait surtout du dépôt d'un cautionnement qui, certes, ne peut pas être rangé au chapitre des recettes. Et puis on voulait aussi reprocher à l'Administration sa prétendue connivence avec un publiciste qui a le tort grave de ne pas prendre au sérieux Messieurs Lahuppe et Cie, et qui se permet même de rire de leurs airs capables.

Quant à nous, nous comprenons jusqu'à un

certain point les attaques qui nous sont adres-
sées ; nous nous les expliquons, sans nous émo-
tionner outre mesure, voyant qu'elles nous vien-
nent de gens qui n'ont aucune autorité pour nous
faire la leçon à aucune espèce de points de vue ?
Que nous importe, en effet, l'opinion de Messieurs
tels et tels ? Des farceurs, des poseurs, quand ce
ne sont pas des imbéciles ! — Mais il y a un
spectacle qui nous paraît réellement affligeant,
un fait qui soulève le cœur et nous donne des
nausées, c'est quand on voit des hommes qui
ont été à genoux devant le chef d'Administration
qui vient de quitter le pays, qui ont baisé la
poussière de ses pieds quand il était présent, le
poursuivre aujourd'hui de leurs attaques injus-
tes aussi bien qu'injurieuses, parce qu'ils n'ont
plus rien à craindre ni à espérer de lui. Qu'on
rapproche l'entrefilet du « Journal du Commerce » que nous avons cité plus haut, d'un article
du même journal publié il y a quelque temps pour
faire l'éloge de M. Laugier ; — Qu'on prenne
la discussion qui a eu lieu au Conseil Général
dans la séance du 23 juillet dernier, qu'on rapproche cette discussion de certaines délibérations
du Conseil général où il s'est agi de la personnalité du Directeur de l'Intérieur que la Colonie re-
grette, et l'on sera étonné, autant qu'affligé de
voir tant de bassesses ou tant d'injustices de la
part de ces hommes qui se flattent de diriger

l'opinion, quand ils ne savent que souffler le chaud ou le froid au gré de leurs intérêts ou de leurs passions personnelles.

On ne peut rien imaginer de plus grotesque que la scène qui a égayé le Conseil général dans la séance du 23 juillet dernier. Les conseillers sérieux qui comprenaient qu'il s'agissait tout simplement d'une question de boutique, ou de récriminations personnelles baissaient la tête en riant. Lui, le gros Gabriel était là, dans sa vaste obésité, debout, les bras tendus, le jabot en avant, et le crâne découvert. Pendant trois quarts d'heures, il vociféra son interpellation avec cette voix spéciale qu'on remarque chez les individus qui ont la cavité buccale trop pleine, et la langue mal découpée et trop ronde.

Messieurs, dit-il d'un ton exclamatif, en agitant à bras tendu quelques feuillets de nos publications, voilà les coupables ! Ce sont des Moustiques, ça pique ; ce sont des brochures, ça pique de la même manière. J'en ai été souventes fois atteint. Croyez-vous qu'il soit bien agréable d'être ainsi ridiculisé devant toute la colonie ? Que dis-je ? devant le monde entier. Car ces infâmes productions que M. Milbot et moi, nous méprisons tant, et faux qu'elles, comme vous le voyez, nous ne portons aucune espèce d'attention, car ces pamphlets maudits vont partout ! Ils sont expédiés à Calcutta, à Constantinople, à Rome et dans toute la France. Partout on va savoir que moi, Gabriel je suis une grosse erreur du suffrage et que mon crâne dénudé ressemble à un œuf d'autruche. Voyons est-ce agréable, dites le moi mes chers confrères ?

— Mais cela ne regarde pas le Conseil général! dit le président. Du reste asseyez-vous et le commissaire du gouvernement va vous répondre.

— Non ! M. le Président, je ne veux pas m'asseoir, et je veux rester debout, et je veux être ridiculisé debout. Je demande au Conseil général de faire payer une patente à M Victor Grenier et de le forcer à déposer un cautionnement. Comme je crois qu'il ne pourra pas se procurer l'argent nécessaire, qu'on saisisse son matériel d'imprimerie, et qu'on supprime ses publications. Voilà pour commencer, et si cela ne suffit pas, nous nous arrangerons de manière à lui faire couper la main et la langue, car je suis libéral et tout-à-fait partisan de la liberté d'écrire et de penser, mais il faut comme de juste qu'on se fasse imprimer par la typographie du « Moniteur ! »

Veuillez vous asseoir, M. Lehuppe, répète encore le Président, je donne la parole au Commis-

saire du Gouvernement ; mais l'irrascible Imprimeur du Moniteur persista à rester debout.

Toute cette scène aurait eu besoin d'être sté-
nographiée. Elle nous fournira le sujet d'une comédie que nous nous proposons de composer un
jour pour un théâtre comique. Il est certain que
M. Gabriel Lahuppe prétendait faire de l'effet et
qu'il avait préparé de longue main son interpellation. C'est la coutume de cet éminent citoyen
toutes les fois qu'il se produit dans une occasion
solennelle. Ceci nous amène naturellement à rappeler une histoire qui nous a paru fort amusante
quand on nous l'a racontée pour la première fois.

Quand M. Gabriel Lahuppe, après une suite
indéterminée de démarches, marches et contre-
marches, eut enfin obtenu, — grâce à l'interces-
sion d'un aide-de-camp du Gouverneur, dont il
était le parent ou l'allié, de se faire nommer commandant des milices de Saint-Denis, il éprouva
le besoin de se préparer à passer une grande
revue sur la place du gouvernement. Alors, quelques jours avant cette exhibition guerrière, il
appela son domestique malgache et lui dit :
Bot, mon ami (supposons que ce domestique s'appelle Bot) selle le cheval blanc , car je veux
faire une promenade. Et un instant après le nouveau commandant était à cheval. Il étudiait ses

poses et s'apprêtait à parader. Il se dirigea du côté du Brûlé et quand il fut arrivé au pied de la rampe, il dit à Bot d'attendre pendant qu'il irait se placer lui-même à une certaine hauteur dans le chemin Rontaunay. Quand il fut parvenu au troisième contour, il s'arrêta et se retournant vers Bot qui était resté dans la plaine. Alors il se met à crier: Bataillon! Garde à vôs! Portez armes! Présentez armes. Vingt millions de sacrébleu! A droite! A gauche! etc Bot était emerveillé. Aussi quand il eût rejoint son maître qui lui demanda comment il le trouvait dans son nouveau rôle de commandant, le pauvre diable répondit : Sarabé, vasa, sarabé ! — M. Barolet lui-même avec sa grosse voix n'est pas capable de commander comme vous. »—Le généreux Gabriel donna à son admirateur la somme de quinze centimes pour aller boire un verre de rhum à sa santé.

Nous pensons que de la même manière le grand Gabriel s'était préparé pour l'interpellation qu'il a faite au Conseil général ; mais nous ne savons pas ce qu'il a donné à Zéronime quand celui-ci lui a dit après la séance : Sarabé, sarabé Vasa ! Vous avez parlé comme un grand Orateur.

Le Commissaire du Gouvernement s'est chargé de répondre à l'interpellation du citoyen Gabriel. Il n'a sans doute pas eu de peine à lui démontrer que son âne n'est qu'une bourrique. Nous regrettons de n'avoir pas entendu cette réponse, mais il nous est très facile d'en faire une dont M. Gabriel Labuppe se montrera sans doute satisfait, à moins d'être très-difficile.

« Mon gros Bonhomme peut-on lui dire, où diable avez-vous pris l'idée de faire des interpellations au pouvoir ? Est-ce pour imiter M. de Maby à la Commission de permanence. Mais en vérité, vous n'êtes pas taillé pour ce rôle là, et nous devons vous dire que dans la circonstance vous avez perdu une belle occasion de vous taire.

Laissons de côté toutes vos questions de boutique, votre fureur contre ceux qui attaquent votre marché de typographie et vos récriminations personnelles plus ou moins ridicules contre un publiciste que vous n'avez nullement le droit de traduire à la barre du Conseil général.

Laissons encore de côté cette allégation faite par vous ou par un de vos amis à propos des fonds secrets qui auraient servi à subventionner une publication qui n'est pas de votre goût. Ceci est tout simplement un odieux mensonge et une odieuse calomnie que nous vous mettons au défi de prouver, et qui pourrait bien vous conduire en police correctionnelle, puisque vous l'avez renouvelée dans votre Journal le « Moniteur. »

Mais attachons-nous seulement aux deux points principaux de votre interpellation : la patente et le cautionnement.

Quant à la question de la patente, quelle farce ! quand vous venez faire de la déclamation au profit du Trésor, parce qu'une patente d'imprimeur n'aurait pas été payée ! Qui donc croyez-vous abuser ici ? — Est-ce que votre compère le Journal du Commerce a payé sa patente pour l'année dernière et l'année courante ? — Est-ce que vous-même, vous ne devez pas encore la vôtre ? — Il est vrai que vous avez déclaré que vous ne payerez pas si les autres ne se sont pas exécutés avant vous. C'est commode pour vous, mais c'est monstrueux pour tous ceux qui ont dans l'esprit une parcelle de justice et de raison. Car la partie n'est pas égale entre nous. Le « Moniteur » fait des travaux considérables qui lui rapportent des sommes très importantes; qu'il paye une patente de première classe, c'est bien. Mais est-il juste que celui qui n'imprime en tout et pour tout, qu'une ou deux petites rames de papier par mois, soit assujetti à la même taxe ? — Évidemment non ! Pas plus qu'il ne serait juste de faire payer la même patente au grand négociant et à l'échopier. Comme il n'y a pas de classes pour les patentes d'imprimeur, il est évident que l'imprimeur qui n'imprime qu'une ou deux feuilles de papier par mois a droit à une modération de taxe. C'est ce qu'une administration intelligente doit toujours comprendre, sans qu'on puisse lui reprocher d'être de connivence avec personne. Pourquoi M. Lahoppe n'a-t-il pas réclamé contre l'imprimeur de l'Album de la Rédemption qui, avec l'approbation de tout le monde, n'a jamais payé de patente ? —

Mais n'est-il pas étonnant de voir M. Denis de Réjégnon venir faire chorus avec M. Gabriel Lahoppe dans cette question de patente? — L'interpellation aura lieu quand le conseil d'enquête des recettes de Lyon — C'était le moment de demander pourquoi les rétributions [illegible] ne sont pas exactement payées par tout le monde [illegible]

po et le conseil aurait pu la prendre en consi-
dération. Passons maintenant à la question du
cautionnement :

Ici, il est permis de croire que M. Lebeppe a
voulu faire une gageure, en soutenant une pro-
position littéralement absurde. Il n'a démontré,
qu'une seule chose, c'est le danger qu'il y a à lire
des livres de droit qu'on n'est pas capable de
comprendre.

Le Décret-Loi de 1863, qui régit actuellement
la Presse dans la Colonie, porte en effet, que tout
Journal ou écrit périodique traitant de matières
politiques ou d'économie sociale est soumis à la
[illegible] du cautionnement; mais quant aux autres écrits, on peut les publier à la condition seulement d'en déposer préalablement trois exem-
plaires [illegible] la Direction de l'Intérieur, et [illegible] [illegible] [illegible]
[illegible]

[illegible]

celui qui paraît d'une manière continue, à des périodes de temps déterminées, la période pouvant être régulière ou irrégulière. Peut-on dire cela d'une ou de plusieurs brochures qui paraissent de temps en temps, sur des sujets de fantaisie, lors même que l'auteur aurait l'habitude d'écrire souvent et qu'il lui arriverait de publier une ou plusieurs brochures par mois. Victor Hugo écrit beaucoup : il vient de publier plusieurs morceaux de littérature qui ont paru successivement en brochures : L'art d'être grand-père — Un drame — Un discours sur le centenaire de Voltaire — Un autre discours au Congrès littéraire.

Nous n'avons certainement pas la seule prétention de comparer nos brochures à celles de Victor Hugo, mais nous pouvons néanmoins dire qu'il n'est pas à notre connaissance qu'un membre du Conseil général se soit jamais levé en France pour demander de soumettre Victor Hugo à un cautionnement quelconque. — Avec le système libéral de M. Lahogue, celui qui n'aurait pas dans sa poche la somme de cinq-mille-cinq-cent-cinq francs ne pourrait jamais publier une brochure, un opuscule, un livre quelconque. Le Grand-Prieur, imprimeur du Moniteur supprime d'un seul coup les pamphlets de Girardin et de Paul Louis Courrier, aussi bien que les contes de fées et les romans à deux sous.

Il est certain qu'il n'y a qu'à rire au nez d'un pareil interpellateur.

C'est ce que nous ferons pour notre compte personnel, sans prendre même la peine de lui demander s'il croit sérieusement que nous faisons de la politique, quand nous nous occupons de sa gracieuse personnalité, et que nous comparons son crane denudé à un œuf d'autruche.

Nous finirons avec M. Gabriel Lahuppe par une dernière observation. Ce magnifique orateur, au cours de son interpellation, a paru s'étonner beaucoup que nous ayons pris pour imprimeur ce qu'il appelle un homme de paille.

Homme de paille, soit ! C'est-à-dire, dans l'espèce, personnage inconscient, incapable de comprendre ou de produire lui-même ce qui s'imprime sous son nom. N'est-ce pas la position ordinaire des imprimeurs de la Colonie, à de rares exceptions près—M. Gabriel Lahuppe, parce qu'il est lourd et gros, se figure-t-il qu'il est autre chose qu'un homme de paille à l'imprimerie du « Moniteur » ? — Il aurait grandement tort et le parquet vient de lui prouver ce que nous avançons — M. Gabriel Lahuppe imprimeur de la brochure de M. Jean de Belly a-t-il été traduit en police correctionnelle en même temps

que ce vénérable ecclésiastique ? — Non pourquoi ? C'est que le parquet a jugé avec beaucoup
de raison que M. Gabriel Lahuppe n'avait été
qu'un instrument inconscient dans la circonstance, c'est-à-dire un homme de paille.

Pour maître Thomy, lui, c'est autre chose, il
pêche avec connaissance de cause, et nous ne
pouvons pas terminer cette brochure sans lui répondre.

Dites-nous donc, ô trop plaisant et présomp-
tueux Rédacteur du Moniteur, ce qui vous donne
le droit d'être si méprisant pour les autres, en
même temps que vous vous montrez si satisfait
de votre petite et très exigüe personnalité ? — La
supériorité humaine se base ordinairement sur
la naissance, la fortune ou le mérite.

La naissance dépend du hasard, et tout en re-
connaissant que noblesse oblige, je suis au des-
sus de certains préjugés de caste. Je ne vous par-
lerai donc pas de votre origine, et si j'ai pu faire
quelques allusions à ce sujet, c'est pour vous rappeler à la modestie, en vous gaussant un peu de
vous être montré si fort courroucé contre le doc-
teur Coquerel, qui vous a parlé autrefois de la an-
gole de vos pères. Laissons ce point, et parlons de
votre fortune.]

Mais vous êtes un pauvre diable comme nous, peut-être plus pauvre diable que nous et votre fortune disparaîtra complètement le jour que l'imprimerie du « Moniteur » n'aura plus ,la fourniture des travaux du gouvernement aux conditions exorbitantes que vous savez.

Quant à votre mérite, il est vrai que vous avez fait exprimer dans votre Journal le « Moniteur » que « vous êtes un homme de talent, » mais les électeurs du Bout de l'Étang, appelés à juger de la chose, vous ont appris à coups de mottes de terre ce qu'il fallait penser de vos prétentions.

Et pour moi, que me reprochez-vous ? — Je ne vous prends au sérieux ni vous ni ceux qui vous ressemblent, est-ce une raison pour m'injurier. Vous me parlerez peut-être de casier judiciaire, et vous me rappelerez un jugement qui est venu, il y a plus de vingt ans, attrister mon existence quand j'habitais la commune de Saint-Paul. Si vous connaissiez cette affaire, vous comprendriez que le devoir d'un homme de cœur est de se plaindre et de se défendre — Je n'ajouterai qu'un mot. Voyez où sont tous ceux qui ont pris part à cette conspiration ourdie contre moi ! C'est à faire croire au miracle : ils ont tous été frappés par la main de Dieu,

Aprés cela j'espère que vous ne me reproche-
rez pas quelques condamnations insignifiantes
pour contraventions aux lois de la presse ou aux
règlements sur les guildives : j'ai souvent dit la
vérité à mes risques et périls : j'ai fait du rhum,
mais jamais personne ne m'a reproché d'aller
en boire dans les cantines ou les cabarets jusqu'à
me soûler.

Cessez donc de dire, ou de faire dire à M.
Milhet, comme dans un de vos derniers numé-
ros, que mes écrits sont des choses qu'on repousse
du pied, et devant lesquels on se bouche le nez.

Savez-vous quels sont les faits que l'honnêteté
publique doit traiter ainsi ? — Ce sont vos dé-
nonciations perpétuelles, vos injures de mauvais
goût, voilà pour vous; et pour M. Milhet, ce
sont les faits de la nature de celui que M. Jean de
Belly lui a reproché à propos de la lettre adressée
à Mgr. Delannoy, par l'abbé de Brooklyn fait dont
il a d'ailleurs proposé de faire la preuve.

Voila, Messieurs, devant quoi on se bouche le
nez.

V. G.

Saint-Denis le 23 août 1877.

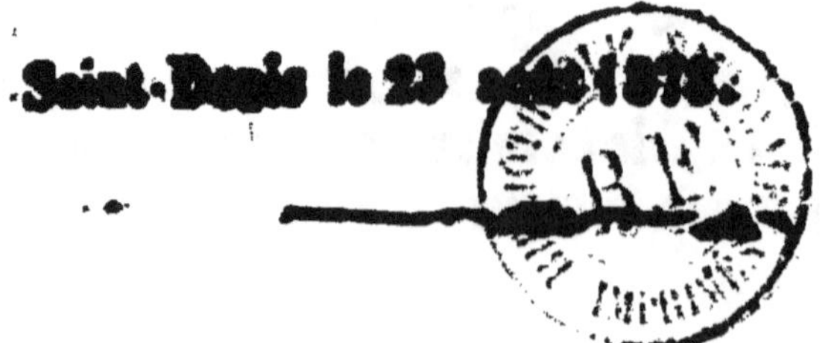

9 782013 425513